DU
RÉTABLISSEMENT
DES BOURBONS,

Où se trouvent les preuves qu'il pouvait seul assurer le salut de la France et de l'Europe, et quelques idées relatives à la politique des Couronnes et du Roi, depuis 1814.

Par G.

SE TROUVE A **PARIS**,

Chez M. PELISSIER, Libraire, galerie de la première cour du Palais royal.

A MELUN, de l'imprimerie de LEFÈVRE-COMPIGNY.

Juillet 1815.

DU
RÉTABLISSEMENT
DES BOURBONS,

Où se trouvent les preuves qu'il pouvait seul assurer le salut de la France et de l'Europe, et quelques idées relatives à la politique des Couronnes et du Roi, depuis 1814.

LES divers états de l'Europe qui se trouvaient sur le penchant de leur ruine en 1814, n'avaient pas une garantie de tranquillité, même après leur victoire sur l'oppresseur de la France et du continent. Ce n'était point tout d'avoir vaincu les armées de cette première et d'avoir conquis son territoire; il fallait régler le sort de sa nombreuse population; et il naissait une difficulté très-grande pour établir un gouvernement stable, qui seul pouvait garantir le repos de l'Europe, dans un pays qui avait été si long-tems agité par les factions, où le système militaire venait d'avoir tant de puissance, où le peuple connaissait sa force, après l'avoir si long-tems éprouvée, et où se trouvait un parti qui avait voulu révolutionner l'Europe, et qui entretenait dans l'état tous les fermens des troubles. Ici il faut s'isoler de tout intérêt national, et avouer comme politique, que les couronnes, d'après l'état moral de la France et l'expérience du passé, ne pouvaient laisser aux Français la liberté de se choisir un gouvernement. Tout avait prouvé que l'état français ne pouvait être régi en république; il fallait rétablir la monarchie. Mais par qui pouvait-on faire occuper le trône ? Quand même on aurait eu la certitude qu'un Français eût pu, après Bonaparte, obtenir le titre de roi du consentement de la nation, la France ne possédait aucun homme qui pût et osât prétendre à cette élévation, et qui pût justifier ce choix aux yeux de son peuple et à ceux de l'étranger. Il est certain qu'il ne restait aux puissances liguées, pour assurer les destins de la France et pour empêcher que sa nation formidable et aguerrie, et qu'on voit trop imprudente dans ses entreprises, quand elle est mal dirigée et quand elle est entraînée par une fausse confiance en ses chefs, ne se portât à de nouveaux excès contraires aux intérêts de tous, que d'opérer le démembrement de ses états, ou de rendre le trône français aux descendans des anciens rois de ce pays, dont les droits avaient été si long-tems sacrés pour ce peuple. L'équité qui réclamait les droits de cette famille, et je pourrais dire le respect pour ceux de la nation, s'unirent à la politique pour faire adopter cette mesure qui, en effet, était la seule avantageuse, comme je le prouverai plus bas. Cette famille pouvait seule rassurer les esprits, réconcilier les Français entre eux et les ramener vers la modération et l'ordre. Le parti nombreux q 'elle avait dans l'état , l'habitude des Français d'être gouvernés par elle , l'amour que nombre d'entre eux conservait pour ses premiers maîtres , joints à la répugnance extrême qu'avait ce peuple à passer sous des dominations étrangères ; tous ces motifs offraient aux Bourbons la facilité de soumettre à la leur tous les Français , et de les diriger vers le véritable but dès qu'ils adopteraient, à l'égard de la nation , le système que les circonstances avaient rendu nécessaire.

Les couronnes firent, dans cette circonstance, ce que la véritable politique leur commandait, et, par là même , ce que l'intérêt de l'Europe et celui de la France exigeait, en réintégrant les Bourbons. Il a fallu un évènement aussi extraordinaire que celui dont nous venons d'être témoins il y a trois mois ; il a fallu un égarement aussi inoui que celui qu'a montré une partie de la nation, et une stupeur aussi grande de la part de la portion bien intentionnée,pour que cette mesure n'ait point eu l'effet qui lui était naturel ; et l'on peut observer que celui qui a eu lieu, c'est-à-dire , la dépossession d'un roi constitutionnel et garanti par l'Europe entière, et la réinstallation de l'usurpateur que tous les Gouvernemens réprouvaient, a été si opposé à ce qu'on aurait dû attendre , d'après la situation où s'était trouvée naguère la France , qui la forçait à tous les ménagemens ei lui commandait le respect pour la puissance de son roi, qu'il était impossible de le pressentir sous le rapport de son influence générale.

Les Bourbons étant dépossédés par le même factieux contre lequel l'Europe s'était armée, la politique de ses souverains, l'honneur de leurs trônes, ainsi que la dignité des nations qu'ils gouvernaient, leur imposaient la loi de soumettre de nouveau la France pour faire respecter la volonté commune, et pour prévenir les nouveaux désastres que leur faisaient pressentir la réintégration de Bonaparte; désastres qui ne devaient point avoir de terme, et dont on ne pouvait douter dès que l'on connaissait la férocité naturelle, la haîne inflexible et l'audace délirante de cet homme, et dès qu'on considérait ce qu'il avait pu sur les Français. Mais ici la position des puissances devenait plus difficile et plus embarrassante qu'en 1814. Elles avaient sous les yeux l'influence nouvelle que prenait Bonaparte sur une partie de la nation depuis son retour ; elles avaient à craindre, d'après l'exemple du passé, que le reste ne fût entraîné par l'audace de l'usurpateur, ou rendu totalement impuissant par la terreur qu'il savait lui inspirer ; elles avaient à redouter que l'ambition particulière des partisans des Bourbons, et le désir de conserver leur fortune qu'ils pouvaient croire menacée par Bonaparte, ne détachassent ceux-ci de leurs véritables princes ; elles avaient encore à redouter que la nation en général ne fut séduite et trompée par le faux appât de liberté que l'astucieuse politique de Bonaparte présentait pour entraîner dans son parti tous ceux qui avaient désiré la république.

Enfin, tous ces dangers, qui avaient le fondement de la probabilité, pouvaient décider les alliés pour la mesure du démembrement; mais une appréciation exacte de l'état général de la France et la réflexion qui leur a découvert tous les moyens qu'ils ont pour prévenir les effets de ces dangers, leur ont fait conserver l'indépendance de notre patrie. Ils ont considéré avec raison que la majorité du peuple est fatiguée de la guerre, qu'elle n'aspire qu'après le repos, et que les ennemis de l'Etat ne parviendront point à l'entraîner désormais, si on ne leur laisse trop d'influence, et s'ils trouvent de la fermeté et de la prévoyance dans le gouvernement (1). En outre, ils

---

(1) Si l'on contemple la dissimulation qui est devenue familière à un très-grand nombre de Français, et si l'on considère, je pourrais dire cette chaîne de trahisons qui enveloppait le gouvernement de Louis, d'un bout de la France à l'autre, depuis cinq mois; trahisons qui s'exerçaient sous le voile de la plus horrible hypocrisie et au nom du dévouement, on tremble encore pour l'état, en pensant qu'elles peuvent être exercées de nouveau lorsque les armées étrangères auront quitté le territoire français. Celui qui connaît bien le caractère du parti révolutionnaire, ne peut se persuader que les factieux soient prêts à renoncer à leurs tentatives: ils abandonneront sans doute leurs projets; mais ce sera seulement lorsque le gouvernement alliera la sévérité de la justice à la modération, et lorsque la clémence ne cédera point à cette première. Qu'il me soit permis d'observer que le grand art du gouvernant est de trouver le juste équilibre entre ces sentimens, qui ne peuvent

ont pensé qu'en maintenant leur propre union, qui indiquera la présence d'une force suprême, ils neutraliseront l'audace des factieux et préviendront toutes leurs entreprises. Décidés par ces motifs qui donnaient une libre carrière à leur magnanimité, les souverains alliés ont enfin adopté le parti le plus favorable. L'on peut dire que, d'après la situation des choses, la décision des couronnes, dans ce cas, est le triomphe de la sagesse et de la véritable politique. Ce qui rend ce triomphe très-éclatant, c'est de voir ces puissances ne point envisager leurs avantages particuliers dans une circonstance si favorable à l'ambition des cabinets. Une telle conduite est si nouvelle dans l'histoire des peuples européens modernes, que son existence semble idéale. Aurait-on pu croire que ces mêmes gouvernemens, qu'on avait vus, sous des régnes antérieurs, poussés par l'ambition, ne rien mettre en balance, même la sûreté des états qu'ils régissaient, contre les avantages des

____

être essentiellement conservateurs du sort des nations, que quand ils maîtrisent mutuellement leur influence. Le perturbateur des états, qui est l'assassin de la société entière, et, par à même, le plus grand criminel, ne doit pas être plus ménagé que le meurtrier qui attaque et détruit la vie de l'individu. Cette maxime fut fondamentale de tous les temps et chez tous les peuples civilisés. Puisse-t-elle fixer l'attention du monarque français dont l'âme généreuse voit des enfans dans les plus grands coupables, et dont la confiance, qui est encore l'effet de la noblesse de son âme, est toujours prête à l'aveugler sur la perfidie de ses ennemis. L'univers admire cette vertu, mais le sort de l'état demande qu'il lui soit opposé des bornes.

envahissemens, renonceraient spontanément et unanimement à ce systême, et se conduiraient en gouvernemens modérés, désintéressés et pacificateurs ? Les souverains qui ont donné ce grand exemple, qui fera époque dans l'histoire des monarques, se sont élevés au rang des plus justement illustres qu'on ait vus sur la terre, et ils ont conquis l'hommage universel.

Malgré que les couronnes aient prouvé, comme je viens de le faire remarquer, qu'elles marchaient au but de la vraie politique, je crois qu'il n'est pas inutile d'exposer quelques raisons qui démontrent l'erreur du systême d'envahissement et de démembrement, qui fit si long-temps la base de la politique des principaux gouvernemens européens, et qui peuvent confirmer que les puissances alliées, en rétablissant les Bourbons et conservant l'indépendance de la France, ont travaillé au maintien de tous les états, et ont préparé l'harmonie générale.

Je dirai d'abord fondamentalement, que ce systême est en opposition avec la politique de tous les états indistinctement, puisqu'il favorise l'ambition de certains d'entre eux, parce qu'il détruit l'union commune, et parce qu'il occasionne une confusion inexprimable parmi les peuples, en excitant les jalousies et les rivalités des uns, et enfantant les haînes et le désespoir dans ceux qui sont menacés ou victimes.

En faisant ensuite l'application de ce systême à la France, j'observerai que son état moral, celui de sa force, qui se trouve dans son immense population, l'énergie que l'enthousiasme peut rendre par momens à ce peuple, son humeur guerrière, la crainte qu'il a toujours eue de voir changer ses mœurs, sa religion, ses habitudes, et de n'éprouver, comme tous les peuples qui passent sous des dominations étrangères, que la tolérance des nations souveraines auxquelles on les unit, et enfin l'idée non moins épouvantable pour les Français de se voir déposséder de leur fortune par le vainqueur, auraient présenté de nombreux et très-grands obstacles pour la domination paisible des puissances européennes dans ce pays. On n'aurait pu compter sur la nullité de sa force quand sa population aurait été divisée; l'esprit de nation aurait survécu au démembrement, et, à la première circonstance qui aurait paru favorable, cette population aurait pu rompre ses jougs divers, réunir ses soulèvemens et occasionner de nouveaux ébranlemens dans l'Europe. Qu'on se rappelle la difficulté que trouvèrent les Romains, dans les temps de leur suprématie guerrière, pour soumettre les Gaulois nos ancêtres à leur domination : et n'est-il pas un exemple moderne qui a eu le rapport le plus direct aux mêmes puissances, aujourd'hui nos libératrices? Celui de la Pologne qui, malgré la faiblesse de sa population, a pu résister un instant à ses formidables voisins. L'on ne peut taire que la longue haine de son peuple contre ses vainqueurs devenus ses maîtres, aujourd'hui détruite par la sagesse des souverains actuels , qui sont parvenus à faire bénir leur joug à cette nation , s'opposa long temps à leurs vues au sujet de ce pays.

Mais les obstacles que je viens d'indiquer ne sont pas les seuls qu'eussent rencontré les couronnes , si elles eussent déterminé le démembrement de la France. Cette mesure allait faire naître un nouveau désordre en Europe, qui aurait eu pour cause le partage de la conquête. La rivalité seule des prétentions pouvait rompre l'union auguste et essentiellement conservatrice qui existe entre les grands états ; et, cette union rompue, l'ambition particulière pouvait se montrer dans toute sa force et amener les débats les plus funestes. Ce n'était plus ici un pays isolé qui ne pouvait convenir qu'à telle ou telle puissance, comme le furent certaines provinces de la Pologne. La richesse du territoire français, qui, de tout temps, excita la cupidité de ses voisins, était propre à exciter l'ambition particulière de toutes les grandes couronnes , même de celles dont les états sont situés sous des climats éloignés, mais moins heureux, ou qui offrent de moins grandes ressources industrielles et commerciales. L'occupation seule des côtes maritimes de la France aurait évidemment occasionné de longs débats, et aurait pu être une cause de rupture entre les couronnes. Si l'Angleterre eût obtenu ces côtes et nos provinces voisines de l'océan , elle acquérait une suprématie qui la mettait dans le cas de dicter la loi à l'Europe. Dès-lors la propre existence de cette dernière aurait été menacée puisqu'elle aurait naturellement confédéré les autres nations contre elle. D'un autre côté, la balance des forces étant de plus en plus détruite, il était impossible de rétablir l'harmonie politique sur le continent, et de garantir par aucun système la paix à ses nations; enfin, l'on tombait dans une situation peut-être pire que celle qui vient de présenter tant de maux, et qui aurait pu préparer la révolution générale des peuples.

On voit, d'après ces raisonnemens, que la situation actuelle de l'Europe, qui facilite aux souverains les moyens d'assurer le sort de tous ses peuples et d'établir ce système d'ordre et d'harmonie qui doit en être le constant appui, provient de la résolution qu'ils ont prise de réintégrer les successeurs de Louis XVI.

Je me rapprocherai plus directement de ma nation dans ce que je dirai à présent.

Les faits les plus authentiques ont signalé, comme je l'ai observé plus haut, les intentions des couronnes; mais, comme il reste des doutes dans certains esprits sur la participation plus ou moins absolue qu'elles voulaient prendre dans les affaires de la France, je dois dire à ces premiers que le voile qui couvrait à un certain point, il y a un mois, les desseins des alliés et les destins de notre patrie, est totalement levé depuis que nos vainqueurs ont déclaré formellement la résolution immuable de rétablir les Bourbons, et d'affermir par-là même leur dynastie, ou d'exiger des cessions territoriales pour l'indemnité des pertes occasionnées à tous les peuples du continent par Bonaparte. Qu'on envisage dans toute sa latitude cet avis suprême que l'Europe donne à la nation française, et que l'intérêt de tous ses peuples lui commandait, on doit le répéter. Notre nation ne peut plus, d'après cela, floter dans l'incertitude : le puissant intérêt de son existence politique l'attache irrévocablement au trône des Bourbons. Que les hommes aveuglés considèrent la situation de leur patrie, qui ne peut se sauver que par cette voie ; qu'ils pensent que la loi de l'Europe ne peut être éludée par aucun moyen, en envisageant la nouvelle épreuve qu'ils viennent de faire de sa puissance ; qu'ils renoncent à des espérances que la volonté de ses gouvernemens peut rendre en tout temps chimériques, et qu'ils soient reconnaissans envers les Bourbons de l'indépendance que va conserver leur patrie, comme aux auteurs de cet immense bienfait. Alors les soupçons de l'Europe disparaîtront, la nation reprendra tous ses droits à l'estime sur elle; alors la France pourra relever l'édifice de sa gloire et de son bonheur.

Je crois qu'il est inutile d'entrer dans des détails sur l'impuissance où fut le roi d'enfanter le bonheur de la France pendant la courte existence de son administration, et sur l'impossibilité où il se trouva d'y rétablir même le calme et l'ordre. J'ai indiqué ailleurs la cause de cette impuissance, qui était dans la conduite des traîtres qui l'entouraient ; mais j'observerai, à l'égard de cette trahison, qu'elle portait un caractère infernal, parce que, d'après le plan qui lui servait de base, on livrait au ridicule ce qui, dans Louis, indiquait l'homme juste et le vrai roi, parce que ceux des gens de bien qu'il avait distingués, étaient tous accusés d'ambition hypocrite ou de frénésie fanatique, et qu'on les signalait au peuple comme ses plus cruels ennemis : enfin, cette trahison qu'on peut nommer pour ainsi dire générale, à cause du grand nombre de ceux qui y prenaient part, ôta au roi tout pouvoir de maintenir l'ordre, de prévenir l'humiliation de la France et ses désastres, dès l'instant que ceux qui tenaient la force de l'état en leurs mains, et ceux qui dirigeaient une administration très-étendue, se trouvaient les chefs des factieux. Toute sagesse de la part du chef du gouvernement devait être dès-lors sans effet ; l'énergie même aurait été impuissante, et peut-être aurait-elle été funeste. Mais, pourquoi, dira-t-on, Louis se confiat-il à des traîtres ? Voilà l'erreur ! je vais en faire connaître la cause.

Louis considéra le Français nouveau comme celui de l'ancienne monarchie ; et il le jugea d'après son cœur étranger à la dissimulation : il crut vaincre les passions et les ressentimens de ceux qui furent ses ennemis et ceux du trône, et s'assurer de leur reconnaissance et de leur amour, à force de bienfaits. Cette opinion et cet espoir étaient trom-

s : l'esprit d'intrigue et d'ambition se sont em-
s de toutes les classes, et l'homme de bien, qui
oujours désintéressé, et qui seul peut bien servir
t et être fidèle à son prince, ayant fui les em-
s sous le régime de l'oppresseur de sa patrie, ne
attacher sur lui les regards de son roi ; dès
l'administration entière resta dans les mains
partisans du tyran, ce premier dut être écarté
rône, et les ministres et les courtisans durent
e le rendre un objet de suspiscion. Le roi a
astes lumières ; qu'il connaisse sa nation, qu'il
tre les sentimens des ambitieux qui portent
caractères ostensibles et distincts ; qu'il appré-
l'enthousiame de certains hommes, qui tient
à l'esprit qu'au cœur et à la raison, et la France
sûrement et sagement gouvernée. C'est ici le
de remarquer l'appui solide que donnent les
ières à un monarque : un prince qui les pos-
ne peut être injuste, parce qu'il sait que l'in-
ce détruit la puissance de tous les rois ; il ne
-être ni orgueilleux, ni ambitieux, ni cruel,
e qu'il a vu dans l'histoire que ces vices en-
nent toujours les monarques à leur perte et
ntissent leur gloire. Lorsqu'un potentat se pré-
te dans les piéges de l'orgueil et de l'ambition,
rsqu'il devient tyran, on peut assurer qu'il est
é des lumières, parce que, outre la réserve
lles commandent aux rois, par les tableaux
ructifs qu'elles leur offrent sans cesse, elles
naître des sentimens généreux et pacifiques
s l'âme de tous ceux qui en sont doués.

J'ai fait entrevoir qu'il ne manque à Louis, pour remplir dignement la tâche de grand monarque, que de modérer sa bonté par sa justice, et de mettre une borne à sa confiance; mais, comme il est nécessaire de prouver par des faits ou des raisonnemens sans réplique ce qu'on a affirmé par la première impulsion de la raison, je vais entrer dans quelques développemens qui formeront preuve, et qui détruiront sans doute cette erreur que, depuis vingt-cinq ans, la politique des divers gouvernemens de la France a cherché à répandre et à perpétuer, et qui s'est enracinée même dans la tête de nombre de gens doués d'un bon esprit, que ce prince ne pouvait bien gouverner la France.

Que les détracteurs de Louis, que ceux qui osent supposer que sa politique repose uniquement sur une vieille routine qui n'est analogue en rien au temps présent, et qu'elle manque de profondeur et d'expérience, s'arrêtent sur ce que je vais dire, et ils verront qu'en rentrant en France en 1814, ce prince avait établi sa conduite comme gouvernant sur la règle générale de la politique et sur l'expérience de l'histoire. Cette règle et cette expérience lui interdisaient le rétablissement des anciennes constitutions, lorsque les mœurs n'étaient plus les mêmes, et lorsque le caractère de la nation avait éprouvé une métamorphose. Louis dévança le vœu public en instituant un gouvernement conforme aux idées de ce siècle, et il prit pour modèle celui que l'Europe avait tant admiré, et qui avait été exalté par nos publicistes les plus célèbres. Cette adoption et la mesure qu'elle déterminait, étaient-elles celles d'un prince entêté de vieux préjugés? Qu'on n'oublie pas qu'il montra dans ce cas la fermeté la plus grande, lorsqu'il repoussa opiniâtrement les plans et le vœux des hommes qui inclinaient pour le rétablissement de l'ancienne administration et qui la croyaient seule favorable à la France. On est forcé de reconnaître que sa conduite fut essentiellement politique dans cette occasion : en adoptant les nouvelles idées et les nouvelles vues, il évita le grand choc qui aurait eu lieu infailliblement dans l'état, s'il eut adopté le système constraire. Que les politiques refléchissent une fois; qu'ils jugent d'après les faits et les principes, et qu'ils ne donnent plus carrière à l'ignorance, dont l'opinion est presque toujours funeste, en hésitant à lui présenter la vérité. C'est à ce premier acte de roi que fut bornée, comme il a été remarqué plus haut, l'influence de la politique de Louis et celle de sa volonté dans l'intérieur de la France, n'ayant plus eu dès-lors de liberté ni de ressources pour opérer le bien.

Mais, j'ai à mettre sous les yeux de ceux qui veulent ravir à Louis la science du gouvernement et tout caractère de fermeté, une autre observation fondée sur des faits publics qui appuie ce que je viens d'exposer, et qui fera éternellement honneur à la politique de ce prince. C'est au dehors que je trouve ces faits. On verra que lorsqu'il a été dégagé des entraves, il a marché d'un pas assuré vers le but politique, et qu'il suivait le systême qui est devenu indispensable pour la France et pour les autres états. Ceux qui ont connaissance de ce qui s'est passé au congrés depuis un an, ont vu ce prince s'y présenter par ses envoyés sous un aspect respectable, et y plaider la cause de la France et de ses alliés avec toute l'énergie et toute la dignité qui sont propres au monarque d'une grande nation. J'ai dit qu'il avait signalé l'adoption du systême utile. Ce qui l'indiqua, ce fut sa persévérance à réclamer le rétablissement des anciens états sur leur premier pied. Cette mesure était nécessitée par la situation de l'Europe : elle seule pouvait mettre une borne à l'ambition des grands états, et donner une garantie générale aux autres.

Je ne dois point finir cet écrit sans faire remarquer aux Français la conduite dernière des souverains alliés et celle de leur roi, qui doivent fixer leur admiration et donner une base nouvelle à leurs espérances. Qu'ils voient ces premiers montrer encore leur respect pour les droits de la nation dans les ménagemens qu'ils ont gardé envers ceux qui avaient excité leur couroux et rendu leur vengeance légitime ; qu'ils envisagent ces potentats puissans offrant un autre exemple qui étonnera à son tour la postérité, lorsqu'ils entrent en France sous la bannière du prince qu'ils viennent protéger, et qu'ils découvrent dans cet abaissement de grandeur de la part de ces souverains, le signe le plus réel qui ait pu exister de leur estime et de leur amitié pour Louis, et de l'appui inébranlable qu'ils lui présentent. Du côté du roi, qu'ils voient ce digne descendant de Henri, dans le moment où il est abreuvé d'outrages, arrêtant sans cesse les bras de ses défenseurs et implorant leur clémence pour ses enfans coupables. Oui, Louis a suspendu les fléaux de la guerre : la responsabilité en pèse sur le tyran universel. Ce seul trait de la vie de Louis lui eût mérité le trône. Il n'en est point de plus saillant dans l'histoire des hommes pour faire ressortir les vertus d'un monarque, qui sont l'amour pour son peuple, sa bonté naturelle et sa modération.

[illegible]
[illegible]
[illegible]
[illegible]
[illegible]
[illegible]
[illegible]
[illegible]
[illegible]
[illegible]
[illegible]
[illegible]
[illegible]

www.ingramcontent.com/pod-product-compliance
Lightning Source LLC
Chambersburg PA
CBHW051556070726
47594CB00017B/3335